COMBAT D'ÉPINAY-SUR-SEINE

(30 NOVEMBRE 1870)

Par le Commandant F. ORSE

ANCIEN CHEF DU 1er BATAILLON DE LA GARDE MOBILE DE LA SEINE,
CHEVALIER DE LA LÉGION D'HONNEUR, OFFICIER DE L'INSTRUCTION PUBLIQUE

PUBLIÉ

SOUS LES AUSPICES DE LA « FRANCE MILITAIRE »

Verba volant, scripta manent.

PARIS

IMPRIMERIE PAUL DUPONT

4 — RUE DU BOULOI — 4

1890

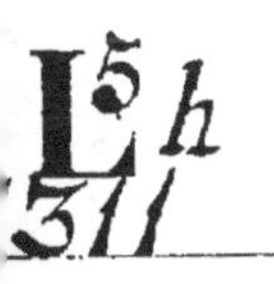

COMBAT
D'ÉPINAY-SUR-SEINE

(30 NOVEMBRE 1870)

Par le Commandant F. ORSE

ANCIEN CHEF DU 1er BATAILLON DE LA GARDE MOBILE DE LA SEINE,
CHEVALIER DE LA LÉGION D'HONNEUR, OFFICIER DE L'INSTRUCTION PUBLIQUE

PUBLIÉ

SOUS LES AUSPICES DE LA « FRANCE MILITAIRE »

Verba volant, scripta manent.

PARIS

IMPRIMERIE PAUL DUPONT

4 — RUE DU BOULOI — 4

1890

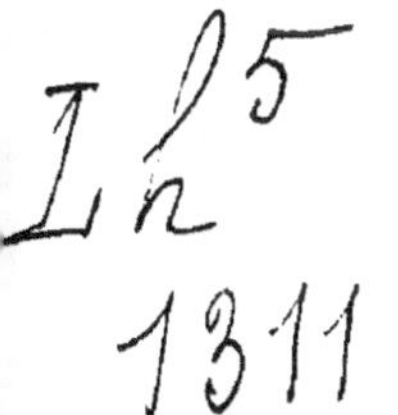

COMBAT

D'ÉPINAY-SUR-SEINE

Tout d'abord, nous donnons ici le rapport officiel de l'amiral de la Roncière-Le Noury, dans son volume *La Marine au siège de Paris* et celui du général Ducros, dans son livre : *Défense de Paris*. (Rapports absolument identiques.)

Dans leurs citations, l'amiral et le général s'arrêtent aux officiers supérieurs placés sous leurs ordres le 30 novembre 1870. Cette brièveté s'explique par la marche rapide des événements pendant la défense de Paris et, par cela même, par le peu de temps qu'avaient les commandants de corps d'armée pour établir leurs rapports officiels.

Rapport de l'Amiral.

(30 novembre 1870)

« Le vice-amiral se rend devant Épinay, où la brigade Hanrion, massée derrière des plis de terrain, en avant du fort de la Briche, attend le signal de l'attaque. Les deux compagnies de marins-fusiliers sont en tête à gauche : l'une commandée par MM. Glon-Villeneuve, lieutenant de vaisseau et Salaün de Kertanguy, enseigne ; l'autre, par MM. Cordier, lieutenant de vaisseau et Néron, enseigne.

« Il est deux heures. A un signal convenu, le fort de la Briche, la batterie flottante n° 4 et la batterie de 4, établie sur la rive droite de la Seine, ouvrent sur Épinay une vive canonnade qui dure une demi-heure. L'amiral donne alors l'ordre au général Hanrion de lancer les colonnes d'attaque. Le lieutenant de vaisseau Glon-Villeneuve, à la tête de ses marins, se porte en avant, sur le chemin de halage, enlève la barricade qui s'y trouve à la hauteur de l'entrée du village, et y pénètre en un instant. D'autres marins escaladent les murs du parc et en chassent les Prussiens. En même temps le 1ᵉʳ bataillon de la Seine, puis les 2ᵉ et 10ᵉ bataillons et le 135ᵉ régiment de ligne, attaquent le village de front, et après une fusillade meurtrière, y pénètrent à leur tour. Le général Hanrion est au milieu de ses troupes, et dans le combat de rues, de maisons qui commence, dirige l'attaque avec autant d'habileté que de sang-froid. La batterie de 4 et la batterie flottante sont couvertes d'obus par les canons prussiens d'Orgemont. Elles n'éprouvent aucun dommage.

« Le fort de la Briche dirige son tir sur la droite d'Épinay où les Prussiens sont refoulés. Le lieutenant de vaisseau Pougin de Maisonneuve conduit la batterie flottante un peu plus loin, par le travers du village, prêt à battre les rues latérales, dans le cas où nos hommes seraient ramenés. Il dirige son feu en arrière du village, de façon à empêcher les renforts prussiens qui descendent d'Enghien et de Saint-Gratien, d'entrer en action.

« Le courant, rendu violent en cet endroit par la proximité du coude de la Seine, l'oblige à envoyer des amarres à terre pour s'éviter convenablement pour son tir. Cette manœuvre s'exécute correctement sous le feu de l'ennemi.

« Enfin, après un violent combat de rues, nos troupes achèvent d'enlever le village, les Prussiens sont refoulés sur la droite, où nos forts dirigent un feu très vif. Une batterie prussienne, établie à Montmorency, tire perpendiculairement à la route, entre Épinay et Saint-Denis, sans doute pour empêcher l'arrivée de renforts.

« A quatre heures, un aide de camp du vice-amiral, le commandant de l'Héraule, informe le général Hanrion que, conformément aux ordres du gouverneur, il doit évacuer le village et rentrer à Saint-Denis avant la nuit.

« Au coucher du soleil, le général, efficacement secondé par M. de l'Héraule, rallie, non sans peine, son monde qui s'acharnait au combat, et rentre dans ses cantonnements.

« 72 prisonniers du 79ᵉ saxon, dont 1 aide de camp, des munitions, deux fusils de rempart en bronze, restent entre nos mains.

« Le colonel Pietri a conduit résolument son régiment. Le commandant Saillard du 1ᵉʳ bataillon, qui commandait la première colonne d'attaque, reçoit trois blessures et succombe quelques jours après. Le lieutenant de vaisseau Glon-Villeneuve est blessé légèrement à la main. L'adjudant de la marine Joachim fait des prodiges de courage. Il est mis à l'ordre du jour.

« Nos pertes sont : 36 tués, dont 3 officiers, et 237 blessés, dont 19 officiers.

« Sur le passage des troupes qui rentrent en ville, la population de Saint-Denis qui, du haut des remparts, a assisté au combat et a pu en suivre les dispositions préliminaires et les péripéties, salue nos troupes et le vice-amiral de ses applaudissements. »

Assaut et combat d'Épinay-sur-Seine,
par le commandant F. Orse.

(30 novembre 1870)

Il est deux heures. Le fort de la Briche, la batterie flottante n° 4 et la batterie de 4 établie sur la rive gauche de la Seine, lancent sur Épinay une foudroyante pluie d'obus qui dure une demi-heure. Le capitaine Demonsant, chef d'une compagnie d'éclaireurs volontaires, a pour mission d'échelonner des tirailleurs le long de la berge de la Seine (presqu'île de Gennevilliers), afin de répondre aux embuscades saxonnes placées entre les hauteurs d'Orgemont et le village d'Épinay. Il sert, en outre, de soutien à la batterie de 4.

L'amiral de la Roncière-Le Noury, notre commandant en chef, a disposé en avant de la grand'garde qui fait face au village, deux colonnes d'attaque. La première, destinée à tourner Épinay par la rive droite de la Seine (flanc gauche du village) et à y pénétrer en même temps, se compose :

1° De deux compagnies de marins-fusiliers, commandés par MM. Glon-Villeneuve et Cordier, lieutenants de vaisseau, avec MM. Salaün de Kertanguy et Néron, enseignes ;

2° Du 1er bataillon de la garde mobile de la Seine, sous le commandement du chef de bataillon, baron Saillard.

La seconde colonne d'attaque, devant attaquer le village, de front, est formée :

1° Du 135e de ligne, colonel, comte de Boisdenemetz ;

2° Du 10e bataillon de la garde mobile de la Seine, chef de bataillon Déchanet, sous la direction du lieutenant-colonel Dautremont ;

3° Du 2e bataillon de la garde précitée, devant appuyer le mouvement du 1er bataillon sur le flanc gauche d'Épinay.

Placé, par ancienneté de grade, en tête du demi-bataillon de gauche, comme capitaine du 1er bataillon de la garde mobile de la Seine, je stimule tout d'abord l'ardeur de mes hommes par les malheurs de la patrie et la gloire qui nous tend les bras. Je recommande à ces soldats, novices à la guerre, de ne jamais me perdre de vue, mais surtout de ne pas se disséminer pendant l'action. En un mot, je leur fais entendre que la cohésion est la qualité la plus essentielle d'une colonne d'attaque et je leur dis notamment : « *Amis ! suivez votre capitaine, tout est là.* »

Au signal de l'amiral, toute la première colonne d'attaque prend le pas gymnastique. Puis la seconde ne tarde pas à s'ébranler : au centre le 135e de ligne et le 10e bataillon de la garde mobile de la Seine attaquent le village de front par la grande rue, et y pénètrent après une fusillade meurtrière. A gauche, le 2e bataillon suit le chemin de halage, prend la rue du Sentier, qui se trouve immédiatement après la brèche et va se joindre aux combattants du 1er bataillon. Mais, tout d'abord, les marins ont enlevé, en bondissant, la barricade établie à l'entrée du chemin de halage et longé ce même chemin, en rasant ou en escaladant le mur qui sert de clôture au flanc gauche d'Épinay. En même temps les quatre premiers pelotons du 1er bataillon de la garde mobile de la Seine ont franchi la brèche que vient d'ouvrir la batterie flottante n° 4, sous la conduite du lieutenant de vaisseau Pougin de la Maisonneuve et suivent, intérieurement, le mur d'enceinte, parallèlement aux marins.

A mon tour, je franchis la brèche, en criant d'une voix tonnante : « *En avant ! la cinquième, en avant !!* » et, sous un feu très vif, je cours résolument à la grande maison, dite *le Château,* c'est-à-dire au cœur du village.

Le lieutenant Christmann, le sergent-major

Somasco, les sergents Blot, Kuss, Desfontaines et Picot; les caporaux Alexandre et Auguez, ainsi que les gardes Chauvet, Verner, Boudet, Charbonnel, Sergent, Combier, Charmaison, Favé, Graveleuse, Vincent, Dérosselle, Lapied, Bouniol et Picot, frère du sergent, ont serré sur moi avec un entrain admirable. Aussitôt, d'un bond, je saute dans l'intérieur de la maison, par une des croisées du rez-de-chaussée, en m'écriant : « *A nous le château !* » Je tombe comme l'éclair au milieu d'une quinzaine de Saxons qui me voyant suivi de près, avec un irrésistible entrain, mettent aussitôt bas les armes, tandis que ceux qui défendaient le côté sud-est du petit parc, tournés par la rapidité de l'attaque, sont faits prisonniers par les 6e, 7e et 8e compagnies, qui ont appuyé mon mouvement avec la plus grande vigueur.

On le voit, ce coup d'audace assure le mouvement tournant des marins sur notre gauche, et facilite la marche en avant des quatre premiers pelotons qui, sans la prise du château, eussent pu se trouver entre deux feux. C'est à ce moment-là que le 135e de ligne et le 10e bataillon de la garde mobile de la Seine opèrent leur jonction avec les 1er et 2e bataillons de la même arme, au centre du village.

Ne me préoccupant pas des prisonniers qui, malheureusement, sont une cause de distraction et d'inaction pour la plus grande partie du demi-bataillon que je commande, composé de jeunes soldats marchant avec beaucoup de résolution sans doute, mais dont la cohésion était chose impossible, dans un combat de rues plus que partout ailleurs, je me porte vivement, à la tête de mes plus intrépides, en avant du château, où les maisons sont défendues par de nombreux Saxons, reliés entre eux au moyen d'ouvertures pratiquées dans les murs. Aussitôt une action très chaude s'engage sur ce point. On se fusille de près et l'on se masque le plus adoitement possible. Nous luttons contre un ennemi fort de ses positions retranchées et de ses embuscades; j'ai, par cela même, beaucoup de peine à diriger le tir de mes mobiles ne connaissant que très imparfaitement le maniement d'armes et n'ayant été exercés qu'une seule fois au tir à la cible... Ah! que vouliez-vous que fissent ces braves enfants, après quelques mois de service actif?... C'était déjà superbe que de les voir courir à l'ennemi avec l'entrain du conscrit parisien. O vétérans de l'armée française, où étiez-vous alors, lions que, seuls, la trahison d'un infâme et le nombre avaient pu vaincre?... Ah! si javais eu sous la main une centaine de ces valeureux pour encadrer mes moblots, comme j'aurais taillé d'autres croupières aux Allemands! car, ce jour-là, comme toujours, j'étais embrasé du feu sacré de la patrie, j'avais la foi profonde du chrétien, et la mort avait pour moi des tendresses infinies. Mes mobiles doivent se rappeler encore que, marchant sans cesse le premier, j'eus le sourire aux lèvres durant toute l'action.

Bientôt quelques marins, séparés de leurs compagnies dans les péripéties du combat et qui n'ont pu résister à la tentation d'enjamber le mur d'en-

ceinte du petit parc, viennent se joindre à nous.
Ce petit renfort, on ne peut plus précieux, me décide à tenter l'assaut du terre-plein, sorte de
terrasse quadrangulaïre dont l'escalier, descen-
dant, conduit au grand parc. Alors, comme invite,
je me découvre entièrement devant les Saxons
dont le feu s'est ralenti. Au même instant, un de
leurs sergents se découvre de son côté, lève la
crosse en l'air et me dit à haute voix : « *Venez !* »
ce qui peut être interprété par ces mots : « *Nous
nous rendons, approchez !* » Mais, dans ce mouvement de crosse en l'air, il a le doigt sur la
détente et les ongles des mains en dehors, se
tenant ainsi prêt à remettre le canon de son fusil
dans ma direction. Je ne suis pas dupe de cette
ruse, facile à comprendre pour un ancien soldat,
procédé plus qu'infâme, qui consiste à inspirer de
la confiance à son ennemi, alors qu'on a l'inten-
tion de le faire tomber dans un guet-apens. Je ne
sache pas qu'un soldat français ait jamais em-
ployé ces moyens de perfidie que la plupart des Allemands considèrent comme étant de bonne guerre.
Dès lors je m'empresse de lui répondre : « *Venez ici,
vous !* » Mais aussitôt le traître tire sur moi en
même temps que plusieurs des siens. Maladroits !
leurs coups se perdent dans le vide...

Frémissant d'indignation et de vengeance, j'enflamme le courage des miens et je crie : « *En
avant ! en avant !* » de toute la force de mes pou-
mons. Je pousse aux Saxons en faisant des sauts
en zigzags, de manière à dérouter tous ceux qui
me couchent en joue ou qui tirent sur moi.

Les marins, hommes de fer, qui toujours affrontent gaiement la mort, et vingt de mes plus audacieux, en tête desquels se trouvent les sergents Blot et Desfontaines, le fourrier Leiber et les gardes Verner, Chauvet, Boudet, Leroy, Roussel et Plessis, chargent avec moi sur les groupes ennemis... Nous abordons ces messieurs à l'arme blanche. Tout d'abord, je pare deux coups de baïonnette et, d'un bond, je me glisse adroitement entre les deux hommes qui me les ont adressés. Alors, aussi rapidement que possible, changeant de main mon sabre et mon revolver, je brûle la cervelle de celui qui se trouve à ma droite, tandis que je présente la pointe de mon sabre à celui de gauche, afin de le tenir en respect...

A ce moment, tous les Saxons descendent précipitamment les escaliers qui conduisent de la terrasse à la rue qui longe le grand parc. Ils se pressent tellement qu'ils ont, par cela même, beaucoup de peine à se dégager entre eux, d'autant qu'ils sont porteurs de leurs sacs... J'éprouve alors une vive satisfaction à les pointer un instant dans l'axe de retraite.

Cette rencontre leur coûte quatre morts et plusieurs prisonniers, blessés pour la plupart. En outre, ils laissent entre nos mains un grand nombre de casques et de fusils ; mais, fatalement, je constate que mon garde Verner est tué et que le sergent Blot, le caporal Alexandre, de même que les gardes Combier, Bouniol, Charmaison et Boudet sont blessés... Mais qu'importent les morts et les blessés quand on a la victoire ? Le sang qu'on verse alors enflamme l'héroïsme des vainqueurs et perpétue la gloire de leur pays.

La terrasse que nous avons conquise domine le grand parc et nous pouvons, de là, tirer presque à coup sûr, en nous masquant derrière le mur, à hauteur de ceinture, qui borde la terrasse au dessous de laquelle se trouve une barricade que l'ennemi nous abandonne du même coup. Le caporal-clairon Delahaye sonne alors la charge sur la terrasse.

Bientôt plusieurs Saxons, faisant partie du détachement que nous venons de chasser, se présentent à nous, sans armes, pour se rendre. Je commande aussitôt de cesser le feu, je descends en même temps les marches de l'escalier qui conduit à la rue du Parc et je dis aux Saxons, en étendant de leur côté ma main droite désarmée : « *Venez ! venez !* » Ils se sont arrêtés à quelques pas de la terrasse en faisant très correctement le salut militaire ; mais ils hésitent à venir jusqu'à nous... Cette hésitation en face de jeunes soldats qui toujours ont la démangeaison de tirer, ne profite pas aux Saxons, et tandis que je m'efforce de déterminer leur mouvement de notre côté, quelques-uns des miens tirent sur eux... mais aucun ne tombe, d'où je conclus qu'on avait fort mal ajusté. Toutefois, je ne regrette pas cette maladresse, car il me répugne de voir tirer presque à bout portant sur des hommes désarmés qui se rendent à discrétion.

Cependant l'ennemi ne se montre plus devant nous : il se dissimule prudemment derrière les arbres du grand parc, sans doute parce que les marins et les quatre premiers pelotons de nos mobiles ont fait leur jonction à l'extrémité du village, et qu'en outre, la seconde colonne d'attaque menace de tourner le grand parc par la droite d'Épinay. Mais, pour qui connaît un peu la manière dont les Allemands font la guerre, c'est notamment lorsqu'ils se montrent le moins qu'ils faut s'en défier le plus. Quoi qu'il en soit, je me risque à traverser seul la rue qui longe le parc, afin de reconnaître le terrain, mais je dois bientôt revenir à la terrasse, en apercevant derrière une barricade établie au bout de la rue qui longe le parc, plusieurs casques à pointe, au milieu desquels apparaît un officier saxon qui, très étonné de me voir dans l'isolement, croit que je me suis égaré et que, ne pouvant être secouru à temps, il ne me reste plus qu'à me rendre.

— Il me fait aussitôt des signes qui veulent dire : « *Arrivez ! je suis tout à vous.* » Visé, je n'ai que le temps de bondir en arrière afin d'éviter la fusillade. En effet, la plupart de ses hommes tirent sur moi sans m'atteindre ; mais, dans ce mouvement rapide, j'ai pu juger de la configuration des lieux et, malgré les feux de la barricade, je me décide à tenter l'assaut de la maison située sur le prolongement de la terrasse.

Après avoir préparé les miens à ce nouveau pas de notre odyssée, je crie : « *En avant !* » et je franchis la rue ; mais, derrière l'angle de la maison que je convoite, m'attendent deux Saxons embusqués qui font feu sur moi à bout portant et qui me tournent aussitôt le dos afin de gagner la porte de la maison. J'ai la tempe légèrement éraflée et les cheveux brûlés par ces deux coups de feu ; quelle chance, mon Dieu !... Toutefois, prompt comme l'éclair, je brise d'un coup de revolver les reins du premier, tandis que l'autre se réfugie dans la maison. Au même instant, mes hommes s'y précipitent par une des croisées du rez-de-chaussée et font une douzaine de prisonniers, pendant que j'y pénètre moi-même par la porte laissée entr'ouverte, sans doute, par ceux qui m'attendaient au coin de la rue et qu'ils se promettaient bien de regagner aussitôt, en cas d'insuccès. puis, je reviens au blessé qui était tombé sur le dos et qui poussait des gémissements... Craignant sans doute que je ne voulusse l'achever, il me dit d'une voix faible : « *Pas tuer... moi... famille...* » Je lui réponds aussitôt : « *Français pas tuer homme blessé.* » Cela disant, je le fais porter dans la maison ; puis, le dégageant de son sac, sur lequel je lui pose la tête, je verse dans sa bouche une gorgée de rhum. Il murmure alors, à voix très basse : « *Merci !* » et sort, en même temps, de sa poche un livret militaire qu'il me tend avec beaucoup de peine, sans doute pour me prouver qu'il est fils de famille. Effectivement, je lis à peu près, quoique ne connaissant que quelques mots d'allemand : « *Ingénieur... volontaire...* » — Mais, ô coïncidence fatale ! je trouve dans ce même livret une poésie écrite sur feuille volante... Poëte malheureux, le jeune Saxon venait d'être blessé à mort par un confrère Français....

Nous voici maîtres d'une excellente position

dominant la plus grande partie du parc, ce qui nous permet de faire évacuer, en même temps, la barricade si gênante pour nos mouvements en avant. Puis je donne l'ordre de fouiller les abords du parc, mais je recommande de ne pas s'y trop engager, à cause de l'insuffisance de ma troupe. Tout à coup, nous apercevons un officier du 135ᵉ qui, pour un motif quelconque, s'était aventuré, seul, dans une maison de la rue du Parc, et qui courait vers nous, en agitant les bras en l'air, comme pour nous dire : « *Ne tirez pas ! je suis des vôtres.* » Au même instant, un tirailleur saxon, embusqué derrière le talus du fossé bordant le parc, se découvre de tout le buste et tire presque à bout portant sur l'officier qui, mortellement blessé, tourne sur lui-même et tombe sur le dos; mais nous le voyons très distinctement remuer encore, car nous n'en sommes qu'à 150 mètres environ... Le Saxon se précipite alors sur ce malheureux officier, et lui lance, à toute volée, deux coups de baïonnette en pleine poitrine pour l'achever... Sans perdre une seconde, je dis aux mobiles placés à mes côtés : « *Tirez sur cet homme-là !* », mais l'horreur que leur inspire cet acte d'abominable lâcheté paralyse leurs mouvements, et le Saxon peut impunément retourner derrière le talus... Ah! que n'avais-je alors sous la main quelque ancien soldat pour abattre cette brute altérée de sang?...

J'aurai cet officier français sous les yeux tant que je vivrai, et j'emporterai dans la tombe le vif regret de n'avoir pu coucher le bourreau à côté de sa victime.

Sur ces entrefaites, le général Hanrion, qui s'est multiplié pendant toute l'action, arrive à la grille ouverte du parc où je me trouve, attendant des ordres. Il est quatre heures. Les Saxons redescendent les hauteurs d'Orgemont et de Montmorency : on les aperçoit très distinctement déjà, à travers les arbres du parc. Le général, qui a mis son képi au bout de son sabre, est là, calme et superbe, defiant l'ennemi. Je me place alors à sa gauche, car je vois bien que nous allons rudement nous démener tout à l'heure. . En effet, le général, brandissant son sabre, dit d'une voix mâle et vigoureuse : « *Allons, Messieurs!* » ce qui, en langage militaire, signifie : « *En avant!!* » Puis, il ajoute d'une voix émue : « *Vengez mon fils!* » (1). Cette éloquente exhortation est à peine prononcée, que je pousse moi-même avec la plus grande énergie le cri : « *En avant!!!* ». Mais je n'ai plus derrière moi qu'une minime fraction des hommes de mon demi-bataillon, qui se sont éparpillés dans les rues, les uns pour découvrir des vivres dans les maisons, les autres séparés de leurs compagnies par les nombreux mouvements de la journée; désordre bien naturel, répétons-le, provenant du manque de cohésion de nos jeunes mobiles, comptant à peine quelques mois de service et qui, dans de telles conditions, ont fait tout ce qu'ils pouvaient faire.

(1) Le fils du général Hanrion venait d'être tué au Bourget.

Cependant je me précipite en avant dans le parc, suivi d'une vingtaine d'hommes, mais je suis contraint de m'arrêter à 100 mètres environ de la grille du parc, si je ne veux pas bientôt disparaître avec eux dans une nuée de Saxons. Toutefois. je poste les miens derrière les arbres et je commande le feu. A ce moment-là, je reçois une balle à la cuisse droite. Ce projectile, qui m'est personnellement adressé, de très près, brise mon flacon de rhum dans la poche droite de ma capote, traverse dans la poche de mon paletot un calepin qu'il émiette, érafle assez fortement la cuisse, y laisse un éclat de verre, transporté comme par un fluide électrique, et sort enfin en arrière de la capote. La balle avait retenti si fort, en frappant le flacon, que j'avais cru recevoir un coup de foudre. Certes, la blessure n'avait pas de gravité ; mais le coup, amorti par le calepin, avait produit une ecchymose qui paralysait ma jambe, et l'éclat de verre, incrusté à côté de la plaie, me causait une douleur si vive que je croyais avoir le fémur entamé.

Au même instant, le commandant de l'Héraule, officier d'ordonnance de l'amiral, transmet au général Hanrion l'ordre d'évacuer le village et de rentrer à Saint-Denis. On sonne la retraite et pendant ce temps, je marche en arrière, montrant ainsi la face à l'ennemi. J'appelle aussitôt mon fidèle et brave Boudet, un garde toujours attaché à ma personne dans le combat et qui, blessé légèrement lui-même d'une balle au tibia, répond tout de suite à ma voix. Je m'appuie sur son épaule et nous marchons tant bien que mal.

Tandis que nos troupes battent en retraite par la grande rue du village, Boudet et moi nous sortons par la brèche du petit parc, et nous suivons les bords de la Seine, où tombent pas mal d'obus qui éclatent tout près de nous, à terre et dans l'eau, près du bord. Bientôt j'aperçois l'héroïque commandant Saillard, mon chef de bataillon qui, au moment de quitter la place de l'Église, alors qu'on sonnait la retraite, a voulu, de son côté, faire un dernier mouvement offensif, mais il a reçu trois blessures graves. Le capitaine Squivet, jeune et brillant officier, atteint d'une balle à la jambe droite dans ce même mouvement offensif, accompagne son commandant qu'il a toujours suivi dans les endroits les plus périlleux. Mon cœur saigne en voyant que Saillard a les poignets brisés et le tronc labouré par les balles. Je vais à lui et nous échangeons quelques paroles touchantes. Enfin, nous rentrons à Saint-Denis, où bientôt tous les mobiles de ma compagnie viennent me serrer les mains avec effusion.

Malgré la sonnerie de la retraite, le lieutenant Gauthier, de la 3ᵉ compagnie, a continué de combattre contre des forces supérieures et n'a dû qu'à son énergie et à son sang-froid d'éviter le mouvement tournant de l'ennemi.

Le médecin aide-major Tessier, qui chargeait en même temps que la première colonne d'attaque, a pansé les blessés sous le feu de l'ennemi et a été fait prisonnier à ce poste d'honneur.

Ont été nommés chevaliers de la Légion d'honneur ou médaillés, dans le bataillon, pour leur conduite dans le combat :

Chevaliers de la Légion d'honneur : les capitaines Orse, Squivet et Balay, tous trois blessés. Le lieutenant Morel Fatio ;

Médaillés : les sergents Clovis, Vannier et Yvan, ce dernier blessé. Les caporaux Thouzery, blessé ; Alexandre, blessé deux fois ; Auguez et Leprieur, non blessés ;

Les gardes :

Hilson, 3 blessures ; Combier, 1 blessure ; Herchet, 1 blessure ; Grisier, 1 blessure ; Blondel, 1 blessure ; Oury, une blessure ; Le Senne, 1 blessure ; Girard, 1 blessure ; Planque, 1 blessure ; Guyot, 1 blessure ; Charbonnel, non blessé ; Graveleuse, non blessé ; Chauvet, non blessé ; Lemire, non blessé.

Il est regrettable que le médecin aide-major Tessier et le lieutenant Gauthier n'aient pas reçu la croix de la Légion d'honneur qu'ils avaient bien bien méritée.

En tant que récompenses, je dois parler aussi de la belle conduite du sergent Blot, de ma compagnie, qui, blessé à la prise du château, continua de donner des preuves de bravoure à l'enlèvement de la terrasse, ainsi qu'à la défense du parc, au moment de la retraite. J'avais proposé ce valeureux pour la médaille, mais je n'ai pas eu le bonheur de l'attacher à sa boutonnière.

On voit par le rôle qu'a joué la 5° compagnie du

1er bataillon ce qu'ont pu faire les sept autres;
soit :

La 1re compagnie, capitaine Dosse.
La 2e   —   —   Godmer.
La 3e   —   —   Squivet.
La 4e   —   —   Balay (1).
La 6e   —   —   Moyse.
La 7e   —   —   Gros.
La 8e   —   —   Gonthier.

Chacune d'elles a eu sa même part de gloire, mais
il ne nous appartient pas de juger les faits d'armes
qu'elles ont accompli, d'autant que nous n'en avons
pas été le témoin oculaire, et qu'en outre, en nous
inspirant de nos camarades, nous craindrions de
ne pas traduire assez fidèlement leurs impressions
dans les péripéties du combat. D'ailleurs un travail
de ce genre serait non seulement d'une longueur
excessive, mais encore toujours semblable, puisque
les sept compagnies ont combattu sur le même
terrain et dans les mêmes conditions. Mais ce que
nous devons hautement et loyalement affirmer,
c'est que le 1er bataillon de la garde mobile de la
Seine a chargé sur Épinay comme un seul homme,
et que, pour rendre un éclatant hommage à la
vérité, il faudrait citer le bataillon tout entier,
comme s'étant particulièrement distingué. Du
reste, tout en formant la première colonne d'at-

_____

(1) Blessé en franchissant la brèche. Remplacé aussitôt, dans le
commandement de la 4e compagnie, par le lieutenant de Réver-
seaux.

taque avec les marins (Rapport officiel de l'amiral), il a pénétré dans Épinay sitôt après l'ouverture de la brèche et a enlevé à la baïonnette toutes les rues situées sur la gauche et au centre du village, non sans pertes sérieuses. Nul doute qu'il n'ait dû qu'à la rapidité de ses mouvements de n'avoir pas été plus éprouvé. C'est là que l'héroïque Saillard, notre commandant, trouva la mort, et que quatre de ses capitaines sur huit furent blessés. Le bataillon eut, en outre, 13 tués et 44 blessés du rang.

A présent nous avons à rappeler ici les divers contingents qui prirent part à la lutte, ainsi que les noms de leurs chefs.

Citons, tout d'abord, l'amiral baron de la Roncière-Le Noury, commandant le corps d'armée à Saint-Denis, qui a pris ses dispositions de combat, reconnu les lignes défensives de l'ennemi et lancé ses deux colonnes d'attaque sur Épinay, en stratège habile, avec ce coup d'œil rapide et profond des gens de mer.

Première colonne d'attaque.

Le 1er bataillon de la garde mobile de la Seine pénètre dans Épinay par la brèche que vient d'ouvrir au mur (flanc gauche d'Épinay, rive droite de la Seine), la batterie flottante, tandis que les marins qui ont enlevé la barricade du bord de l'eau, suivent le chemin de halage et se dirigent vers l'extrémité du village.

Le général Hanrion.

Voyez-le partout, toujours en première ligne, la tête haute et fière, le képi au bout de son sabre, défiant les Allemands, durant tout le combat, comme pour attirer sur lui la foudre. Mais la mort, sourde à ses sollicitations, épargne tant d'héroïsme, et le général n'ira pas encore rejoindre son fils bienaimé.

Le colonel Piétri.

Un vétéran des guerres du second Empire, ex-chef de bataillon des tirailleurs indigènes (turcos), colonel à l'organisation de la mobile, commandant le 1er régiment de l'arme, il conduit son 1er bataillon au feu avec la plus grande résolution. Blessé deux fois à Épinay, cet intrépide soldat ajoute une nouvelle page de gloire à ses magnifiques services et voit briller sur sa poitrine l'insigne de commandeur.

Le baron Saillard,

Chef du 1er bataillon de la Garde mobile de la Seine

Chargeant en tête de la première colonne d'attaque et le premier de son bataillon durant toute l'action, il est mortellement blessé en faisant un dernier mouvement offensif. Cependant, malgré le sang qui s'échappe de trois cruelles blessures, il brave encore les Allemands et n'obéit que très lentement à la sonnerie de la retraite. Ses soldats qui le chérissaient et qui lui avaient offert une épée d'honneur, sont fiers d'avoir servi sous les ordres d'un tel homme.

Saillard! pleure, ô patrie!!!

Nos Marins.

Les deux compagnies de marins-fusiliers, commandées par les lieutenants de vaisseau Glon-Villeneuve et Cordier, ayant sous leurs ordres les enseignes Salaün de Kertanguy et Néron, sont admirables d'audace et bondissent en chargeant. Ah! quels rudes jouteurs que ces marins!!!... Lorsqu'on les emploie à terre, ils croient toujours monter à l'abordage.

Le lieutenant de vaisseau Glon-Villeneuve, d'une étonnante bravoure, blessé légèrement deux fois, en avant de ses marins, est fait officier de la Légion d'honneur. L'enseigne Salaün de Kertanguy est nommé lieutenant de vaisseau.

Dans le rang, sept médaillés dont six succombent à leurs blessures.

L'adjudant de la marine Joachim, qui a fait des prodiges de courage, est mis à l'ordre du jour. Cet intrépide sous-officier, déjà chevalier, ne pouvant être hiérarchiquement nommé officier de la Légion d'honneur, ni même officier dans le corps de la marine, refuse de l'amiral le grade de sous-lieutenant d'infanterie plutôt que de quitter son corps.

Le lieutenant de vaisseau Pougin de la Maisonneuve, commandant la batterie flottante n° 4, a fait preuve d'intrépidité, soit en ouvrant la brèche au mur du petit parc (flanc gauche d'Épinay), soit en démolissant, une à une, les barricades établies à l'entrée de toutes les rues perpendiculaires au chemin de halage, opérations conduites sous un feu très vif, mais assez mal dirigé par l'artillerie saxonne.

Pougin de la Maisonneuve reçoit la croix d'officier, et son vigoureux équipage fait l'objet de plusieurs distinctions.

Seconde colonne d'assaut.

Tandis que le 135ᵉ de ligne et le 10ᵉ bataillon de la garde mobile de la Seine attaquent le village, de front, par la grande rue, le 2ᵉ bataillon des mêmes mobiles va se joindre aux combattants du 1ᵉʳ bataillon, sur le flanc gauche d'Épinay.

Le 135ᵉ de ligne.

Le colonel, comte de Boisdenemetz, brave s'il en fut, souriant au feu comme en un jour de fête, excite au combat le 135ᵉ qui marche avec ardeur sur les glorieuses traces de son chef. Ce beau régiment, qui a fait des prodiges de valeur, peut inscrire : « *Épinay* » sur son drapeau, et le colonel de Boisdenemetz, ajouter une nouvelle palme à son blason.

Le 135ᵉ, assez éprouvé dans l'action, a eu sa bonne part de récompenses qu'il a, du reste, si grandement méritées.

Le 10ᵉ Bataillon de la Garde mobile de la Seine.

Ce bataillon est entraîné au feu par le brave commandant Déchanet, sous la conduite du lieutenant-colonel Dautremont, superbe d'audace et d'entrain.

Le lieutenant Savry est mortellement blessé par un éclat d'obus. Le capitaine Jenny est nommé chevalier de la Légion d'honneur pour sa belle conduite. En outre, onze médailles sont attribuées au bataillon pour des militaires du rang, presque tous blessés. Du reste, la *France Militaire* nous a déjà donné des détails très intéressants sur le rôle qu'a joué le 10ᵉ bataillon à Épinay, où il a vaillamment gagné ses titres de gloire.

Le 2ᵉ Bataillon de la Garde mobile de la Seine.

Commandé par l'intrépide commandant Hérou, le 2ᵉ bataillon qui a donné les preuves de la plus grande vigueur, peut être fier de la part de gloire qu'il a grandement conquise à Épinay.

Les lieutenants Fuchs et Nouvel, tous deux blessés, sont promus chevaliers et plusieurs militaires du rang reçoivent la médaille.

Le capitaine Girard et le lieutenant Triquet sont légèrement blessés.

La Retraite.

Vers quatre heures, tandis qu'on s'acharnait au combat, la retraite s'est opérée sous le commandement du général Hanrion, vigoureusement secondé par le commandant de l'Héraule, envoyé par l'amiral et par le capitaine Colonna d'Istria, officier d'ordonnance du général. Nos soldats ont montré constamment la face à l'ennemi et l'ont tenu en respect par de fréquentes salves de mousqueterie. Les Allemands, comme protestation de leur défaite, nous ont largement prodigué des obus et nous ont fait beaucoup de mal avec leurs canons à longue portée.

De l'Héraule et Colonna d'Istria, toujours alertes

à transmettre les ordres du général Hanrion, notamment à l'arrière-garde, ont été faits chevaliers.

Le capitaine Demonsant, ancien officier de zouaves, commandant les tirailleurs postés derrière la berge de la Seine (presqu'île de Gennevilliers), a dirigé ses feux avec intelligence, résolution et sang-froid. La Légion d'honneur était bientôt sa récompense. Le lieutenant Proust, blessé mortellement à côté de son capitaine, n'a eu que le temps de presser la croix sur son cœur avant de mourir.

---

72 prisonniers dont un aide de camp, 2 fusils de rempart et de nombreux trophées, tels que fusils, sabres, casques, etc., sont restés entre nos mains.

Au total, nos pertes ont été de 36 tués dont 3 officiers et 237 blessés dont 19 officiers, sur environ 1,800 hommes engagés, tandis que celles de l'ennemi, d'après ses rapports, dépassaient de beaucoup les nôtres, bien qu'il fût en nombre au moins égal et fortement retranché derrière des murs, surtout si l'on ajoute à son passif 72 prisonniers. Il n'a pu, de son côté, faire prisonniers de guerre que quelques-uns de nos hommes grièvement blessés.

Nota.

Nous n'avons écrit le combat d'Épinay qu'après avoir consulté la plupart de nos anciens frères d'armes, sur des particularités qui auraient pu échapper à nos souvenirs. D'un autre côté, nous avons compulsé tous les documents officiels ayant trait aux faits de guerre accomplis le 30 novembre 1870, afin de pouvoir les retracer dans toute leur vérité. Cependant, malgré notre bonne volonté à bien faire, il se pourrait que nous eussions commis quelques erreurs de détail, toujours possibles dans un travail de ce genre. Or, si tant est que ces erreurs puissent exister, nous avons le ferme espoir qu'on nous les pardonnera, eu égard aux difficultés que nous avons éprouvées à rassembler, après un temps relativement long, tous les éléments indispensables à notre récit.

Il eût été plus profitable pour nous, sans doute, de devoir la relation du combat d'Épinay à la plume du général Hanrion qui, dans cette circonstance, se multiplia de manière à tout voir, tout apprécier, et fit preuve non seulement d'un héroïsme à enorgueillir le patriotisme de tous ceux qui le virent à l'œuvre, mais encore d'une habileté tactique des plus remarquables.

F. ORSE,

Nommé chevalier de la Légion d'honneur
Et chef de bataillon pour sa conduite dans le combat.

Quelques traits d'héroïsme.

Après avoir retracé les péripéties du combat d'Épinay, il nous reste à citer, tout spécialement, trois hommes, trois héros, images de la patrie, pouvant servir d'exemple à la génération actuelle, comme abnégation de la vie devant l'étranger. Il s'agit de ces petits soldats, vulgairement appelés « *d'un sou* », qui furent toujours la gloire de nos armes et qui, bien commandés, forment l'avant-garde de la victoire.

Le garde Meunier de la 5ᵉ compagnie du 1ᵉʳ Bataillon

(Garde mobile de la Seine.)

La première fois que je vis Meunier, un volontaire de 1870, encadré dans ma compagnie au camp de Saint-Maur, je pensai tout aussitôt qu'avec cent hommes de cette trempe-là un capitaine eût pu tout oser. En effet, l'œil brillant et décidé, le visage caractéristique, l'allure franche et rapide, notre homme présentait toutes les garanties du soldat d'attaque et de résistance. Or, comme prélude de combat, pendant une de nos grand'gardes, Meunier a l'audace inouïe de se porter en avant de notre ligne jusqu'à un point distant de deux cents mètres, environ, du château d'Épinay, pour faire le coup de feu, à découvert, contre une trentaine de Saxons formant la garde avancée de ce même château. On a beau lui enjoindre de retourner sur ses pas, l'entêté n'écoute personne et brûle résolument ses cartouches à ce poste on ne peut plus dangereux. On le voit très distinctement bien ajuster, quoique tirant assez vite ; mais à ce compte-là, chacune de ses balles lui en vaut trente en échange... Notons bien qu'il ne peut pas faire beaucoup de mal aux Saxons, postés derrière les murs du château, tandis que lui-même se trouve en rase campagne, sans aucune espèce d'abri. Dans ces conditions, le résultat de la lutte n'est point douteux : Meunier tombe grièvement blessé, après avoir fait mépris de la mort pendant au moins vingt minutes. Deux brancardiers, mandés en toute hâte, arborent le pavillon blanc, chargent notre héros sur une civière et le portent à l'ambulance.

L'audacieux, qui avait le corps traversé par une balle, s'en est réchappé. Il a reçu la médaille militaire, quoique indiscipliné devant l'ennmi : ses chefs ont su faire la part de sa désobéissance héroïque.

<hr>

Le sergent Vannier, de la 3ᵉ compagnie
(Même bataillon.)

Au moment où, sur l'ordre de l'amiral de la Roncière, nos troupes évacuaient Épinay, les Allemands, enhardis par ce mouvement en arrière, accentuaient leur offensive et nous criblaient de leurs feux. Cependant, Saillard, le regard fier et l'attitude menaçante, se découvrait entièrement et marchait à l'ennemi, au lieu de battre en retraite comme il venait d'en recevoir l'ordre. Atteint mortellement et les poignets brisés par les balles, il avait dû lâcher son épée qui était tombée sur le sol. La plupart de ceux qui l'avaient suivi étaient tués ou blessés... Vannier se rappelle alors que Saillard tient de ses soldats, comme marque d'honneur, l'épée restée sur le champ de bataille. Il court, seul, sous une grêle de balles jusqu'au glorieux insigne et le rapporte bientôt à son commandant, qui peut le presser sur son cœur avant de mourir.

Le garde Hilson de 7ᵉ Compagnie
(Même bataillon.)

Le soir, au moment de la retraite, Hilson s'attarde dans une impasse du village et se voit, tout à coup, cerné par un sergent saxon et huit hommes... Sommé de se rendre, sa réponse est au bout de son chassepot. Il ajuste le sergent et le tue raide mort. Aussitôt, tandis qu'il recharge son arme, les huit autres tirent sur lui et le blessent trois fois très gravement. Émerveillés de tant d'héroïsme, les Saxons n'achèvent pas notre mobile et l'emportent à l'ambulance.

Prisonnier, guéri de ses blessures, mais amputé du bras gauche, Hilson reçoit la médaille et la pension militaires à son retour de captivité.

———

Nous donnons ci-après deux lettres autographes, signées de l'amiral de la Roncière-Le Noury et du général Pélissier, frère du duc de Malakoff. Si le soldat se couvre de gloire devant la mort, pourquoi ne montrerions-nous pas avec une juste fierté ces deux titres de noblesse militaire qui prouvent, du moins, que nous avons bien fait notre devoir ?

En réponse à deux casques saxons que M. Orse
avait envoyés à l'amiral, le lendemain du combat:

De l'amiral DE LA RONCIÈRE LE-NOURY, commandant le
corps d'armée de Saint-Denis.

DIVISION
DES
MARINS DÉTACHÉS
A PARIS

Du général Pélissier (frère du duc de Malakoff), commandant supérieur de l'artillerie de la rive droite (forts
détachés, ouvrages extérieurs, etc.).

ARTILLERIE
DE LA RIVE DROITE

Paris, le 18 décembre 1890.

Général de division
Commandant

Mon cher Commandant

Je suis très heureux de vous
saluer de ce titre et je vous
en félicite chaleureusement.
C'est là une des résultats du
combat d'Épinay, mais la récompense à laquelle vous aspirez
légitimement et que vous avez
cent fois gagnée, ne se fera pas
attendre. J'en suis à même à donner
l'assurance. J'aime à penser que votre
blessure est en bonne voie de
guérison. Bonne chance
et toutes mes amitiés.

Mon cher Orse

Paris. — Imp. PAUL DUPONT, rue du Bouloi, 4.   - 4429.12.90.

Paris. — Imp. PAUL DUPONT, rue du Bouloi, 4. — 1429.12.90.

www.ingramcontent.com/pod-product-compliance
Lightning Source LLC
Chambersburg PA
CBHW061709060726
47597CB00006B/2268